Henry Adams • Ignacio Manuel Altamirano • Kofi Annan • Tomás de Aquino
• Germán Arana • Óscar Arias • Aristófanes • Aristót... ...eola
• Gabino Barreda • Simón Bolívar • Edwar... ...und
Burke • Teresa de Calcuta • Victoria Camps • ... ...ane
• Sor Juana Inés de la Cruz • Jacques Delors • Roswell Dwight • Albert
Einstein • Daniel Fernando Filmus • Michel Foucault • Benjamin Franklin
• Paulo Freire • Carlos Fuentes • Mahatma Gandhi • Baltasar Garzón
• Arnold H. Glasow • Arturo Graf • Antonio Gramsci • Hesíodo •
Eugenio María de Hostos • Jesse Jackson • Anne Robert Jacques Turgot •
Werner Jaeger • Benjamin Jonson • Benito Juárez • Carl Jung • Immanuel
Kant • Nikos Kazantzakis • Mustafa Kemal Atatürk • John F. Kennedy
• Martin Luther King • Dalai Lama XIV • Emilio Lledó • Malcolm X •
Nelson Mandela • José Antonio Marina • José Martí • Antonio Maura •
Christa McAuliffe • María Montessori • José Ortega y Gasset • Pitágoras
de Samos • Platón • Rafael Ramírez Castañeda • Olivier Reboul •
Sergio Ramírez • Enrique Rojas Montes • Erasmo de Rotterdam • John
Ruskin • Domingo Faustino Sarmiento • Marjane Satrapi • Fernando
Savater • Abigail Smith Adams • Herbert Spencer • Rabindranath Tagore
• Jaime Torres Bodet • Morihei Ueshiba • José Pedro Varela • Mario
Vargas Llosa • José Vasconcelos • Víctor Hugo • Swami Vivekananda

Henry Adams • Ignacio Manuel Altamirano • Kofi Annan • Tomás de Aquino • Germán Arana • Óscar Arias • Aristófanes • Aristóteles • Juan José Arreola • Gabino Barreda • Simón Bolívar • Edward Bulwer-Lytton • Edmund Burke • Teresa de Calcuta • Victoria Camps • Chanakya • Stephen Crane • Sor Juana Inés de la Cruz • Jacques Delors • Roswell Dwight • Albert Einstein • Daniel Fernando Filmus • Michel Foucault • Benjamin Franklin • Paulo Freire • Carlos Fuentes • Mahatma Gandhi • Baltasar Garzón • Arnold H. Glasow • Arturo Graf • Antonio Gramsci • Hesíodo • Eugenio María de Hostos • Jesse Jackson • Anne Robert Jacques Turgot • Werner Jaeger • Benjamin Jonson • Benito Juárez • Carl Jung • Immanuel Kant • Nikos Kazantzakis • Mustafa Kemal Atatürk • John F. Kennedy • Martin Luther King • Dalai Lama XIV • Emilio Lledó • Malcolm X • Nelson Mandela • José Antonio Marina • José Martí • Antonio Maura • Christa McAuliffe • María Montessori • José Ortega y Gasset • Pitágoras de Samos • Platón • Rafael Ramírez Castañeda • Olivier Reboul • Sergio Ramírez • Enrique Rojas Montes • Erasmo de Rotterdam • John Ruskin • Domingo Faustino Sarmiento • Marjane Satrapi • Fernando Savater • Abigail Smith Adams • Herbert Spencer • Rabindranath Tagore • Jaime Torres Bodet • Morihei Ueshiba • José Pedro Varela • Mario Vargas Llosa • José Vasconcelos • Víctor Hugo • Swami Vivekananda

Henry Adams • Ignacio Manuel Altamirano • Kofi Annan • Tomás de Aquino • Germán Arana • Óscar Arias • Aristófanes • Aristóteles • Juan José Arreola • Gabino Barreda • Simón Bolívar • Edward Bulwer-Lytton • Edmund Burke • Teresa de Calcuta • Victoria Camps • Chanakya • Stephen Crane • Sor Juana Inés de la Cruz • Jacques Delors • Roswell Dwight • Albert Einstein • Daniel Fernando Filmus • Michel Foucault • Benjamin Franklin • Paulo Freire • Carlos Fuentes • Mahatma Gandhi • Baltasar Garzón • Arnold H. Glasow • Arturo Graf • Antonio Gramsci • Hesíodo • Eugenio María de Hostos • Jesse Jackson • Anne Robert Jacques Turgot • Werner Jaeger • Benjamin Jonson • Benito Juárez • Carl Jung • Immanuel Kant • Nikos Kazantzakis • Mustafa Kemal Atatürk • John F. Kennedy • Martin Luther King • Dalai Lama XIV • Emilio Lledó • Malcolm X • Nelson Mandela • José Antonio Marina • José Martí • Antonio Maura • Christa McAuliffe • María Montessori • José Ortega y Gasset • Pitágoras de Samos • Platón • Rafael Ramírez Castañeda • Olivier Reboul • Sergio Ramírez • Enrique Rojas Montes • Erasmo de Rotterdam • John Ruskin • Domingo Faustino Sarmiento • Marjane Satrapi • Fernando Savater • Abigail Smith Adams • Herbert Spencer • Rabindranath Tagore • Jaime Torres Bodet • Morihei Ueshiba • José Pedro Varela • Mario Vargas Llosa • José Vasconcelos • Víctor Hugo • Swami Vivekananda

Segunda edición

Enseñar: la pasión del profesor
Silvia Garza, compilación
208 pp., col. 17 x 20 cm
España, 2018

ISBN 978-84-16470-02-0
Dep.Legal: M-33336-2015

© De las ilustraciones:
Soledad Martínez
Susana Rosique
María del Mar Villar
Martina Vanda
Jorge Matías-Garnica
Juan Gedovius
Margarita Sada

© Del prólogo:
Silvia Garza

© de esta edición: Fineo Editorial, S.L.
Ave. Ciudad de Barcelona, 87 1A
Madrid, 28007
www.editorialfineo.com

enseñar
La pasión del profesor

FINEO EDITORIAL

Enseñar: la pasión del profesor
Silvia Garza

A Carolina y Jimena.

En la emocionante aventura de educar hay un momento esencial: aquel donde el educador propicia en sus alumnos la reflexión sobre la vida. Ese es el instante que les deja reconocer quiénes son, cuáles son sus anhelos; es el momento en el que empiezan a forjar su personalidad. Dicho de otra forma, el profesor, quien enseña, tiene la fortuna de encontrarse en el momento sagrado donde su discípulo se enfrenta consigo mismo, y desde ahí podrá dirigir su propio perfeccionamiento e iniciar, a lo largo de los años, su proyecto de vida.

Los maestros favorecen esa experiencia de conocimiento; ese instante determinante de iluminación donde el alumno descubre la relación íntima que determinará su camino, entre él y la sociedad. Educar tiene que ver con ese deleite, con ese arte singular de orientar la vida de los otros de la mejor forma; de buscar que los jóvenes se desenvuelvan de la manera más congruente, equilibrada y feliz posible.

De ahí el título de este libro, *Enseñar: la pasión del profesor*, enredando la "e" con la "o". Enseñar y ensoñar. Educar y evocar. Porque quien enseña, el maestro, bien conoce el gusto de aquello que Metrodoro, primer discípulo de Epicuro, escribió: "Es mayor causa de felicidad propia lo que procede de uno mismo que lo que procede de las cosas". En cierto sentido, el profesor sabe que la felicidad de sus alumnos provendrá de aquello que él alimenta en el fuero interno de los aprendices. El mundo que ellos habiten dependerá sobre todo de la concepción que tengan de sí mismos y de la vinculación que establezcan, en toda su vida, con la conciencia, con la sabiduría.

Por eso el profesor debe ser el primero en ponderar la valía de su profesión, ya que en la más tierna edad es donde se cimientan esas concepciones que permiten a cada persona ser quien es, y un maestro, si ejerce cabalmente su trabajo, puede desarrollar el sentido crítico y reflexivo en los pequeños y hacer que interpreten un suceso en todas sus dimensiones, mientras que otro sin vocación puede hacer, por el contrario, que ese mismo hecho quede reducido a un episodio banal. Immanuel Kant escribió: "No se deben enseñar pensamientos, sino enseñar a pensar". Porque el enseñar a pensar, a desarrollar un sentido crítico y a adquirir conocimientos mediante el buen uso del lenguaje exige una metamorfosis interior, un cambio casi inaprensible que constituye el sustento no sólo del alma sino de la cultura en su conjunto.

La escuela es un lugar de experiencia y vida, y no porque exista un método para vivir, sino porque ahí vivir debe ser el método. En el colegio los niños se transforman, mejoran. Para muchos de ellos, el centro educativo es la única posibilidad de encontrarse con un maestro que les enseñe la independencia y la libertad; de conocer a alguien que les incite la pasión por el saber y que les estimule el deseo de vivir. Un profesor que les dé serenidad, alegría, entendimiento claro, y les transmita una voluntad atemperada, una inteligencia capaz y una conciencia limpia: la andadura hacia el conocimiento y el bien habitualmente inicia con un buen profesor.

La enseñanza de los sofistas, el empeño educativo de Platón, levantado sobre el debatir de sus diálogos, la reflexión sobre el lenguaje de Aristóteles, nos llevan a ese sitio sobre el que se ha construido el saber y que divulgan los maestros.

Por tal motivo he concebido este libro y lo dedico a todos aquellos quienes, con el hilo del lenguaje, han enhebrado aquello que se llama educación. En *Enseñar: la pasión del profesor,* he recopilado frases de grandes pensadores; quise hacer un elogio a la educación y a todas aquellas personas que han dejado huella y permiten que los demás se configuren y se entiendan en el sentido más amplio del término; a aquellos quienes iluminan a los otros, a quienes determinan y fijan su ser junto a ellos. En palabras de Schopenhauer, a quienes ayudan a encontrar, a lo largo de toda la vida, "lo que uno tiene y lo que uno representa, es decir, lo que uno constituye a los ojos de los demás".

Porque poseer, gracias a la educación, una excelente y rica personalidad, y haber tenido profesores que hayan cultivado la sensibilidad y la inteligencia es sin duda el destino más afortunado que uno pueda alcanzar.

Para
educar
a un niño
hace falta
una tribu entera.

Anónimo
(Proverbio africano)

Un profesor
trabaja para
la eternidad:
nadie puede predecir
dónde acabará su influencia.

Henry Adams

La buena educación
es como el perfume de las rosas,
se percibe desde lejos.

Ignacio Manuel Altamirano

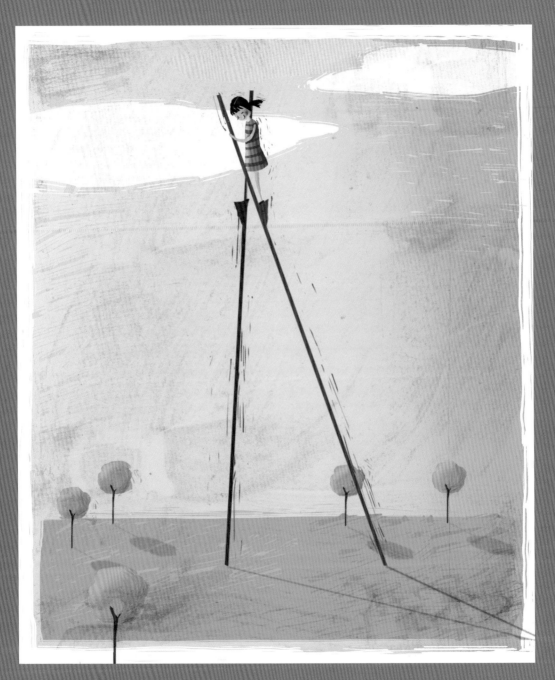

La educación
ayuda
a la persona
a aprender a ser
lo que es capaz de ser.

Hesíodo

Si se educa
a los niños,
no será necesario
castigar
a los hombres.

Pitágoras de Samos

Sin educación
no podemos ver más allá
de nosotros mismos
y nuestro estrecho entorno
y comprender la realidad de la interdependencia mundial.
Sin educación, no podemos comprender
cómo las personas de otras razas y religiones
comparten nuestros mismos sueños y esperanzas.
Sin educación no podemos reconocer la universalidad
de los objetivos y las aspiraciones humanas.

Kofi Annan

El que enseña
conduce al otro
a saber lo desconocido,
tal como alguien
mediante la invención
se conduce a sí mismo
al conocimiento de lo desconocido.

Tomás de Aquino

Un maestro
tiene que tratar siempre
de llevar algo de sabiduría
al corazón de sus alumnos.

Germán Arana

Educar
a los hombres no es
como llenar un vaso, es
como encender un fuego.

Aristófanes

Aquellos
que educan bien
a los niños
merecen
recibir más honores
que sus propios padres,
porque aquellos sólo les dieron vida, y
éstos les han brindado
el arte de vivir bien.

Aristóteles

El maestro
debe tener actitud humilde ante la grandeza,
para recordar que toda la obra histórica de conocimiento
está hecha por hombres como él,
que un día se aventuraron a realizar la probabilidad,
El maestro como apóstol que derrama la semilla,
riega los surcos y espera con paciencia.

Juan José Arreola

El orden intelectual
que la educación
debe establecer
es la llave del orden
social y moral
que tanto habemos
menester.

Gabino Barreda

El mejor maestro
es el que sugiere
en lugar de imponer,
es quien inspira
a sus oyentes
con el deseo
de aprender.

Edward Bulwer-Lytton

El objeto más noble
que puede ocupar el hombre
es ilustrar a sus semejantes.

Simón Bolívar

La **educación**
es la mejor **defensa**
de las naciones.

Edmund Burke

Enseñarás a volar... pero no volarán tu vuelo.
Enseñarás a soñar... pero no soñarán tus sueños.
Enseñarás a vivir... pero no vivirán tu vida.
Enseñarás a cantar... pero no cantarán tu canción.
Enseñarás a pensar... pero no pensarán como tú.
Pero sabrás que cada vez que ellos vuelen, sueñen,
vivan, canten y piensen…
¡Estará en ellos la semilla del camino enseñado
y aprendido!

Teresa de Calcuta

Educar es siempre ir a la contra,
contra la corriente dominante.
Si no fuera así, no sería necesario educar,
lo haría el entorno o la sociedad en general.

Victoria Camps

La educación
es la mejor amiga.
Una persona educada
es respetada en cualquier sitio.
La educación es superior
a la belleza y a la juventud.

Chanakya

El mejor maestro
es el que enseña
a estudiarnos
a nosotros mismos.

Stephen Crane

Ya se ve
cuán duro es estudiar
en aquellos caracteres sin alma,
careciendo de
la voz viva
y explicación del maestro.

Sor Juana Inés de la Cruz

47

La educación
es un factor indispensable
para que la humanidad
pueda conseguir los ideales
de paz, libertad
y justicia social.

Jacques Delors

Aprender
es un placer;
pero el placer de aprender
nunca se compara
con el placer de enseñar.

Roswell Dwight Hitchcock

Necesitamos sentimientos,
amor y convicciones
para enfrentarnos a la violencia.
Y necesitamos valor y valores.
Esos ingredientes son los que el maestro,
desde la escuela,
debe impartir en la tarea de fortalecer
a los niños y a los jóvenes
para que ante las adversidades de la vida
sean capaces de encontrar en su interior
esa capacidad de ser humanos que
nos hace únicos.

Simón Bolívar

El arte supremo
del maestro
es despertar
el placer de
la expresión creativa
y el conocimiento.

Albert Einstein

Educar
es una apelación permanente a la utopía
porque el resultado de esta acción
sólo se puede realizar
en el futuro.

Daniel Fernando Filmus

La práctica de la palabra libre
del maestro debe ser tal
que sirva de incitación, sostén y oportunidad
para los alumnos, que van a tener, ellos también,
la posibilidad y el derecho,
la obligación de hablar libremente.

Michel Foucault

Sólo es posible avanzar
cuando se mira lejos.
Sólo cabe progresar
cuando se piensa en grande.

José Ortega y Gasset

Educar
en la igualdad
y el respeto
es educar
contra la violencia.

Benjamin Franklin

El profesor
que piensa acertadamente
deja vislumbrar a los educandos
que una de las bellezas
de nuestra manera de estar en el mundo
y con el mundo,
como seres históricos,
es la capacidad de,
al intervenir en el mundo,
conocer el mundo.

Paulo Freire

Toda gran obra literaria nos propone la salvación mínima de la palabra. Había que entender a la educación como base del proceso global.

Carlos Fuentes

La educación es un arma
de construcción masiva.

Marjane Satrapi

El papel sagrado del maestro es educar
buenos ciudadanos capaces
de decir no ante la violencia y
de exigir el respeto a sus derechos
y a los de todos.

Baltasar Garzón

Uno de los principales objetivos
de la educación
debe ser ampliar
las ventanas por las cuales
vemos al mundo.

Arnold Glasow

Excelente maestro
es aquel que,
enseñando poco,
hace nacer en el alumno
un deseo grande de aprender.

Arturo Graf

Maestro
no es sólo
el que enseña en
la escuela,
sino que el
verdadero maestro,
el educador,
es aquel que
representando
la conciencia crítica
de la sociedad
y teniendo en cuenta
el tipo de
hombre colectivo que
se encuentra
representado en la escuela,
asume el papel de
moderador
entre la sociedad en general
y la sociedad infantil
en desarrollo.

Antonio Gramsci

Si [el maestro] educa
lo que debe y como debe,
ha de ser
con el supremo objeto
de educar la conciencia,
de dar a cada
patria los patriotas de conciencia,
y a toda la humanidad
los hombres de conciencia
que les hacen falta.
Antes que nada
el maestro debe ser
educador de la conciencia
infantil y juvenil; más que nada, la escuela es
fundamento de moral.

Eugenio María de Hostos

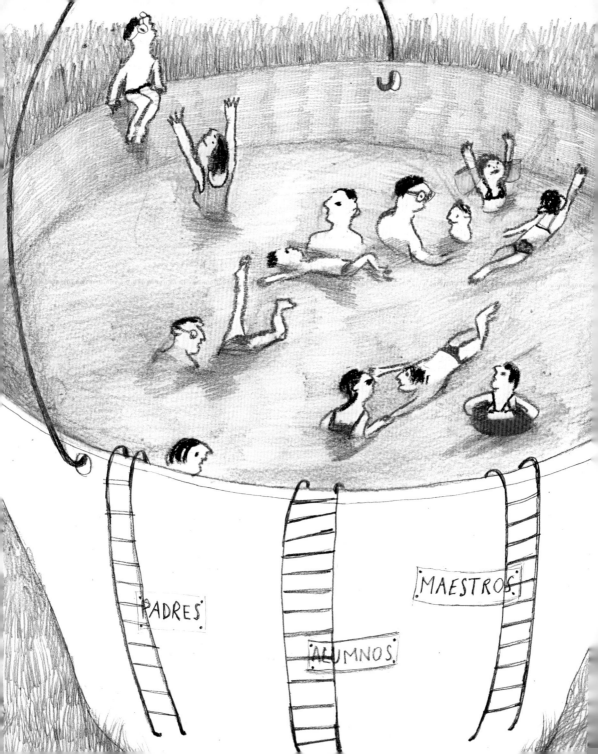

Un sistema escolar que
no tenga a los padres
como cimiento
es igual a una cubeta
con un agujero en el fondo.

Jesse Jackson

¿Podrás, Sócrates,
decirme si la virtud puede enseñarse,
o si no pudiendo enseñarse,
se adquiere sólo con la práctica;
o, en fin, si no dependiendo de la práctica
ni de la enseñanza,
se encuentra en el hombre naturalmente
o de cualquiera otra manera?

Platón

Si contribuyes a la felicidad
de otra persona,
encontrarás el verdadero bien,
el auténtico significado de tu vida.

Dalai Lama

El principio
de la educación
es predicar
con el ejemplo.____

Anne Robert Jacques Turgot

Todo pueblo
que alcanza cierto grado de desarrollo
se halla
naturalmente
inclinado a practicar
la educación.

Werner Jaeger

Muy pocos
hombres son sabios
por su propio consejo,
por su propia instrucción.
La persona que aprendió de sí misma
tuvo a un obstinado como maestro.

Benjamin Jonson

La **educación**
es fundamental
para la **felicidad** social;
es el principio en el
que descansan
la **libertad**
y el **engrandecimiento**
de los pueblos.

Benito Juárez

Uno recuerda
con aprecio
a sus maestros brillantes,
pero con gratitud
a aquellos
que tocaron nuestros sentimientos.

Carl Jung

Tan sólo
por la educación
puede el hombre
llegar a ser hombre.
El hombre no es más
que lo que la educación
hace de él.

Immanuel Kant

Los maestros
son puentes
que invitan a los estudiantes
a cruzar;
una vez facilitando su camino,
alegremente se colapsan,
inspirándolos a crear sus propios puentes.

Nikos Kazantzakis

Una buena educación
no es la que sólo se centra en el aprendizaje
de las materias técnicas,
sino la que presta especial atención a los valores
que conforman una sociedad democrática
sustentada en el Estado de derecho.

Baltasar Garzón

Un buen maestro
es como un vela,
se consume a sí mismo
para dar luz
a otros.

Mustafa Kemal Atatürk

La libertad
sin educación
es siempre un peligro;
la educación
sin libertad
resulta vana.

John F. Kennedy

La función de la educación
es enseñar a pensar intensa y críticamente.
Inteligencia más carácter.
Ese es el objetivo de una verdadera educación.

Martin Luther King

Todo el mundo debe prestar atención
a lo importante que es la educación:
la supervivencia y la felicidad
individual depende,
en gran medida,
de la actitud mental y del cuidado de
las emociones.
Estas se obtienen mediante educación.

XIV Dalai Lama

Con el concepto de educación
se expresó la raíz profunda de la libertad.
La certera intuición de que el ser humano es
una génesis, una evolución, y de que hay
que intervenir en ella desde la infancia.

Emilio Lledó

La educación

es el pasaporte para el futuro,
porque el mañana
pertenece a aquellos
que se preparan hoy.

Malcolm X

La educación
es el arma más poderosa
que se puede usar
para cambiar el mundo. [...]
la educación tendrá por objeto
enseñar a los jóvenes
a amar a su pueblo
y su cultura
y honrar la fraternidad,
la libertad y la paz.

Nelson Mandela

Educar a alguien es uno de los mejores medios de educarse a sí mismo. No se puede ayudar a crecer sin aumentar la propia estatura.

José Antonio Marina

El maestro es
meritorio y generoso
padre de muchos.
El maestro es
aquel vigía que a todas
las horas sabe dónde está
y qué hace cada
alumno suyo,
les mata los vicios,
con las manos suaves o
enérgicas que sean menester,
en las mismas raíces.
El maestro es la letra viva.

José Martí

Educar
es adiestrar al hombre
para hacer un buen uso de su
vida,
para vivir bien;
lo cual quiere decir
que es adiestrarse
para su propia felicidad.

Antonio Maura

La educación es la estructura del edificio personal, la cultura es la decoración.

Enrique Rojas

La primera tarea
de la educación
es agitar la vida,
pero dejarla libre
para que se desarrolle.

María Montessori

Siempre que enseñes,
enseña a la vez
a dudar de lo que enseñes.

José Ortega y Gasset

El objetivo
de la educación
es la virtud
y el deseo
de convertirse en
un buen ciudadano.

Platón

Un maestro no es aquel que explica,
con mayor o menor claridad,
conceptos estereotipados que siempre
se podrán conocer mejor en un buen manual,
sino aquel que transmite en la disciplina
que profesa algo de sí mismo,
de su personalidad intelectual,
de su concepción del mundo y de su ciencia.

Emilio Lledó

El fin de la **educación** es aumentar la probabilidad de que suceda lo que queramos.

José Antonio Marina

No hay **progreso**
sin **conocimiento** y
no hay conocimiento sin **educación.**

Carlos Fuentes

Es importante que la
enseñanza
ayude a los niños y jóvenes
a encontrar y descubrir su
vocación.
Pero lo más importante
será motivar a que se dediquen
a lo que les gusta.
La educación debe ayudar
a que los jóvenes
encuentren
su felicidad.

Mario Vargas Llosa

La principal tarea del maestro
está centrada en el cambio
de la naturaleza humana,
sin el cual el advenimiento
de la nueva sociedad
será imposible.
Su tarea es equiparar
a las nuevas generaciones
con los instrumentos necesarios
para abrir las brechas y preparar
los caminos
por donde el nuevo orden social
pueda llegar.

Rafael Ramírez Castañeda

Educar
no es fabricar adultos según un modelo,
sino liberar en cada hombre
lo que le impide ser él mismo,
permitirle realizarse
según su "genio" singular.

Olivier Reboul

Un **maestro** sabe **estimular** a sus **alumnos** y da a cada uno de ellos su **confianza,** obtendrá con más facilidad **buenos resultados** que aquel otro frío, distante y más crítico, que no sabe llevar un espíritu de lucha y esfuerzo en su alumnado.

Enrique Rojas

Con mucho gusto
aprendemos
de aquellos a quienes amamos
[...]
el primer cuidado
del maestro
es procurar
que se le ame.

Erasmo de Rotterdam

Educar a un niño
no es hacerle aprender
algo que no sabía,
sino hacer de él
alguien que no existía.

John Ruskin

Ser maestro significa
abrir caminos,
señalar rutas
que el estudiante ha de caminar ya solo con su
trabajo personal,
animar proyectos,
evitar pasos inútiles y,
sobre todo, contagiar entusiasmo intelectual.

Emilio Lledó

La inversión en educación decidirá
la velocidad de nuestro progreso.

Mario Vargas Llosa

No es propiamente la educación
exclusiva de la familia y de la escuela
sino solidaria de la sociedad y de la
realidad natural.

Rafael Ramírez Castañeda

Los discípulos
son la
biografía
del maestro.

Domingo Faustino Sarmiento

Yo
toco el futuro.
Enseño.

Christa McAuliffe

Como educadores
sólo podemos ser optimistas,
con pesimismo se puede escribir contra
la educación, pero el optimismo es necesario
para ejercerla. Los pesimistas pueden ser buenos
domadores, pero no buenos maestros…
La educación es un acto de coraje;
cobardes y recelosos, abstenerse.

Fernando Savater

El aprendizaje
no se logra
por casualidad,
debe buscarse con ardor
y ser atendido
con diligencia.

Abigail Smith Adams

El objeto
de la educación
es formar seres aptos
para gobernarse a sí mismos,
y no para ser gobernados
por los demás.

Herbert Spencer

La mejor
educación
es la que no se limita
a darnos información,
sino que le da
a nuestra vida
armonía
con nuestra existencia.

Rabindranath Tagore

Si queremos educar
a los niños
para la libertad y democracia,
debemos enseñarles,
antes que nada,
a ser verdaderamente libres
y adquirir el arte de gobernarse a sí mismos,
eliminando los procesos de mecanización
y de ciega obediencia.

Jaime Torres Bodet

El maestro

sólo es maestro porque,
olvidándose de sí mismo,
ha transmitido su saber
a sus alumnos,
y a través de ellos
a todos los que vendrán más tarde.

Morihei Ueshiba

La educación,
como
la luz del sol,
puede y debe
llegar a todos.

José Pedro Varela

El mundo de la literatura,
el mundo del arte,
es el mundo de la perfección,
es el mundo de la belleza.

Mario Vargas Llosa

El porvenir
está en manos de
los maestros
de la escuela.

Víctor Hugo

La educación
es la manifestación
de la perfección
en el hombre.

Swami Vivekananda

Un maestro

no es solamente
un hombre que sabe,
sino que sabe enseñar;
necesita, pues,
no solamente la ciencia,
sino el método

es el maestro
que ha creado las virtudes cívicas;
es el maestro
que ha enseñado al hombre su solidaridad
con las leyes naturales;
es el que ha preparado al pueblo
para sus grandes victorias
y sus triunfos definitivos.

José Pedro Varela

La verdadera
educación
consiste en obtener
lo mejor de uno mismo.
¿Qué otro libro
se puede estudiar mejor
que el de la humanidad?

Mahatma Gandhi

La orquesta completa tiene que ver con las sociedades de América Latina en su conjunto, sus carencias y desigualdades, las propuestas de transformación, y las duras realidades que sobreviven tercamente, avisándonos de la persistencia del desarrollo desigual y del atraso. Para tener una buena orquesta primero hay que preparar a los músicos. No hay buenas orquestas con músicos que tocan de oído, desconocen los instrumentos que tienen en sus manos, o son incapaces de leer una partitura.

Sergio Ramírez

Mi tierra es tierra de maestros.
Por eso es tierra de paz.
Nosotros discutimos nuestros éxitos y nuestros fracasos
en completa libertad. Porque mi tierra es de maestros,
cerramos los cuarteles, y nuestros niños marchan
con libros bajo el brazo y no con fusiles sobre el hombro.
Creemos en el diálogo, en la transacción,
en la búsqueda del consenso. Repudiamos la violencia.

Porque mi tierra es de maestros, creemos en convencer
y no en vencer al adversario. Preferimos levantar al caído
y no aplastarlo, porque creemos que nadie posee la
verdad absoluta.

Porque mi tierra es de maestros, buscamos que los
hombres cooperen solidariamente y no compitan
hasta anularse.

Óscar Arias

Es legítimamente maestro
el que trata de aprender
y se empeña en mejorarse a sí mismo.
Maestros son quienes se apresuran
a dar sin reserva el buen consejo,
el secreto recóndito,
cuya conquista acaso ha costado dolor y esfuerzo.
Uno que ya pasó por distintas pruebas
y no ha perdido la esperanza
de escalar los cielos,
ése es un maestro.

José Vasconcelos

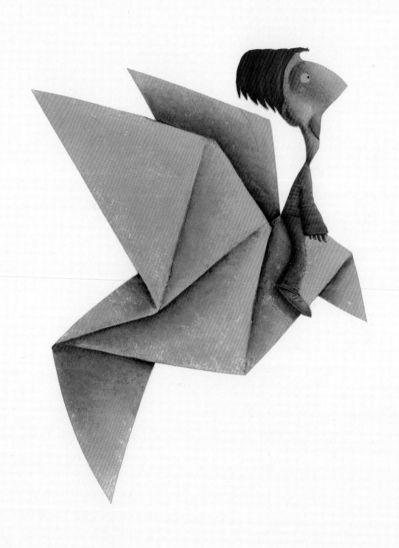

La profesión docente es una de las más importantes en la sociedad y que, para empezar, los propios profesores debemos tenerla en alta estima.

Inger Enkvist

SEMBLANZAS

De los autores

Las semblanzas se presentan en orden cronológico

Hesíodo (Grecia, 700 a.C.)
Poeta que ocupa un lugar de excepción en la literatura griega, tanto por sus preceptos morales como por su estilo coloquial. Puso por escrito y ordenó todo el cuerpo mitológico transmitido hasta entonces de forma oral.

Pitágoras de Samos (Grecia, 570-495 a.C.)
Filósofo y matemático griego que nació en la isla de Samos. Fue instruido en las enseñanzas de los filósofos jónicos. Se le atribuye haber transformado las matemáticas en una enseñanza liberal mediante la formulación abstracta de sus resultados, en especial, el caso del famoso teorema que lleva su nombre y que establece la relación entre los lados de un triángulo.

Aristófanes (Grecia, 446-386 a.C.)
Dramaturgo griego, considerado uno de los más importantes autores de comedias de la historia de la literatura. Sus obras se han representado a lo largo de los siglos. Su ingenio, comicidad y lenguaje poético le han asegurado una popularidad duradera. Su postura conservadora le llevó a defender la validez de los tradicionales mitos religiosos y se mostró reacio ante cualquier nueva doctrina filosófica.

Platón (Grecia, 427-347 a.C.)
Filósofo griego, seguidor de Sócrates y maestro de Aristóteles. En 387 fundó la Academia, institución que continuaría su marcha a lo largo de más de 900 años y a la que Aristóteles acudiría a estudiar filosofía.

Aristóteles (Grecia, 384-322 a.C.)
Filósofo, lógico y científico de la Antigua Grecia. Fundador del sistema filosófico más poderoso del mundo antiguo, enraizado en las ciencias de su época. También es el creador de la teología natural y del monoteísmo filosófico, sobre el cual se apoyarían ulteriormente la teología judía, cristiana y musulmana.

Chanakya (India, 350-283 a.C.)
Escritor hinduista indio. Fue consejero y ministro de Chandragupta, el fundador de la dinastía Maurya y causante de su ascenso al poder. Fue profesor de economía y ciencias políticas en la antigua Universidad Takshashila.

Tomás de Aquino (Italia, 1225-1274)
Filósofo y teólogo italiano. Doctor de la Iglesia, patrono de las universidades y escuelas católicas. Principal representante de la enseñanza escolástica, una de las mayores figuras de la teología sistemática. Una de las mayores autoridades en metafísica.

Erasmo de Rotterdam (Países Bajos, 1466-Suiza, 1536)
Humanista neerlandés de expresión latina. Clérigo regular de San Agustín y sacerdote, pero incómodo en la vida religiosa, se dedicó a las letras clásicas y, por su fama de latinista, consiguió dejar el monasterio como secretario del obispo de Cambrai.

Benjamin Jonson (Inglaterra, 1572-1637)
Dramaturgo y poeta inglés del Renacimiento. Hijo póstumo de predicador escocés. Renovó el género conocido como "comedia de carácter" con obras que tuvieron una influencia perdurable.

Sor Juana Inés de la Cruz (México, 1651-1695)
Escritora mexicana. Fue la mayor figura de las letras hispanoamericanas del siglo XVII. Ingresó a un convento de México de la Orden de San Jerónimo. Compuso obras musicales y escribió una extensa obra que abarcó diferentes géneros. La influencia del barroco español, visible en su producción lírica y dramática, no llegó a oscurecer la profunda originalidad de su obra. Su espíritu inquieto y su afán de saber la llevaron a enfrentarse con los convencionalismos de su tiempo.

Benjamin Franklin (Estados Unidos, 1706-1790)
Político, científico e inventor estadounidense. Es considerado uno de los Padres Fundadores de los Estados Unidos. Fundó el periódico *La Gaceta* de Pensilvania. Fue partícipe en las conversaciones para concluir el tratado de paz que pondría fin al conflicto y contribuyó a la redacción de la Constitución.

Immanuel Kant (Alemania, 1724-1804)
Filósofo alemán. En 1740 ingresó en la Universidad de Königsberg como estudiante de teología y fue alumno de Martin Knutzen, quien lo introdujo en la filosofía racionalista de Leibniz y Wolff.

Anne Robert Jacques Turgot (Francia, 1727-1781)
Economista y político francés. Impulsó un catastro de la zona y eliminó instrumentos impositivos desfasados, como las "corvées". Paralelamente escribió varias obras de teoría económica, introdujo numerosas reformas, muchas de ellas orientadas a la abolición de los privilegios de los terratenientes, cuyas intrigas provocaron su destitución.

Edmund Burke (Irlanda, 1729-1797)
Escritor y pensador político irlandés. Su primera obra importante fue *Vindicación de la sociedad natural*, sátira que ridiculiza el razonamiento del estadista británico Henry St. John Bolingbroke. Es considerado el padre del liberalismo-conservadurismo británico.

Abigail Smith Adams (Estados Unidos, 1744-1818)
Primera segunda dama (esposa del vicepresidente) y segunda primera dama de Estados Unidos. Hija de un ministro perteneciente a una congregación, fue educada enteramente en su casa, volviéndose una ávida lectora de historia.

Simón Bolívar (Caracas, Capitanía General de Venezuela, 1783-Santa Marta, Colombia, 1830)
Militar y político venezolano, conocido como El Libertador, fue un caudillo de la independencia hispanoamericana. Se formó leyendo a los pensadores de la Ilustración (Locke, Rousseau, Voltaire, Montesquieu) y llegó a convertirse en el principal dirigente de la guerra por la independencia de las colonias hispanoamericanas. A través de sus propios escritos y discursos, dio al movimiento una sólida base ideológica.

Víctor Hugo (Francia, 1802-1885)
Poeta, dramaturgo y escritor romántico francés, considerado como uno de los escritores más importantes en lengua francesa. También fue un político e intelectual comprometido e influyente en la historia de su país y de la literatura del siglo XIX.

Edward Bulwer-Lytton (Inglaterra, 1803-1873)
Novelista, dramaturgo y político británico. Escribió en una gran variedad de géneros, incluyendo ficción histórica, misterio, novela romántica, ocultismo y ciencia ficción.

Benito Juárez (México, 1806-1872)
Presidente de México (1858-1872). Nació en San Pablo Guelatao, Oaxaca. Se le conoce como el "Benemérito de las Américas". Se esforzó en sus mandatos en llevar a la práctica el ideario liberal, dictando leyes para hacer efectiva la reforma agraria, la libertad de prensa, la separación entre la Iglesia y el Estado y la sumisión del ejército a la autoridad civil.

Domingo Faustino Sarmiento (Argentina, 1811-Paraguay, 1888)
Político, escritor, docente, periodista, militar y estadista argentino; gobernador de la Provincia de San Juan entre 1862 y 1864, presidente de la nación Argentina entre 1868 y 1874, senador nacional por su provincia y ministro del interior de Argentina.

Roswell Dwight Hitchcock (Estados Unidos, 1817-1887)
Clérigo congregacionalista estadounidense. Notable por su visión mental y espiritual. Vio la verdad religiosa en perspectiva clara y en justa proporción.

Gabino Barreda (México, 1818-1881)
Médico, filósofo y político mexicano. Perteneció durante varias épocas a la Cámara Legislativa del país, al que representó en la Conferencia Internacional de Correos. Creó la Escuela Nacional Preparatoria.

John Ruskin (Inglaterra, 1819-1900)
Escritor, crítico de arte y sociólogo británico. Uno de los grandes maestros de la prosa inglesa. Influyó notablemente en Mahatma Gandhi; abogó por un socialismo cristiano.

Herbert Spencer (Inglaterra, 1820-1903)
Filósofo inglés, la más destacada figura del evolucionismo filosófico. Se manifestó independiente y permaneció ajeno a vínculos políticos y profesionales. Llegó incluso a considerar la cultura como posible limitación de la libertad. Sus teorías se hallan en la base del posterior darwinismo social, al afirmar que el Estado debe proteger la libre acción de la selección natural en la sociedad, como fuente de progreso.

Ignacio Manuel Altamirano (México 1834-Italia, 1893)
Escritor, periodista, maestro y político mexicano. Se le considera padre de la literatura nacional y maestro de la segunda generación romántica. En sus trabajos de crítica literaria reiteró la necesidad de superar la dependencia de los modelos europeos y de encontrar un estilo y una temática autóctonos.

Henry Adams (Estados Unidos, 1838-1918)
Historiador y filósofo norteamericano. Perteneciente a la octava generación de un recio linaje de agricultores puritanos de Nueva Inglaterra, convertidos en la más eminente dinastía aristocrática americana, que se vanagloriaba de contar con dos presidentes de los Estados Unidos y una ininterrumpida serie de ilustres hombres públicos.

Eugenio María de Hostos (Puerto Rico, 1839-Santo Domingo, 1903)
Político, pedagogo y escritor puertorriqueño. Recorrió América del Sur propagando sus ideas liberales, dirigió en Venezuela el Colegio Nacional de Asunción y fundó en Santo Domingo la llamada Escuela Normal.

José Pedro Varela (Uruguay, 1845-1879)
Intelectual, periodista y político uruguayo. Participó en la creación de un partido radical liberal democrático en el cual peleó por el voto universal y la igualdad en los derechos de la mujer; se oponía a los partidos tradicionales.

Arturo Graf (Grecia, 1848-Italia, 1913)
Poeta italiano de ascendencia alemana. Profesor de literatura italiana en Roma.
Fundó el *Giornale della letteratura italiana*, y sus trabajos incluyen valiosas críticas
literarias, aunque es mejor conocido como poeta.

José Martí (Cuba, 1853-1895)
Político y escritor cubano. Nacido en el seno de una familia española con pocos
recursos económicos. Fue uno de los más grandes poetas hispanoamericanos y
la figura más destacada de la etapa de transición al modernismo, que en América
supuso la llegada de nuevos ideales artísticos.

Antonio Maura (España, 1853-1925)
Político español. Jefe del Partido Conservador y ministro y presidente del Gobierno
en diferentes ocasiones durante el reinado de Alfonso XIII; intentó introducir en el
sistema de la Restauración una serie de reformas radicales que acabaron por fracasar.

Rabindranath Tagore (India, 1861-1941)
Poeta, filósofo, artista, dramaturgo, músico, novelista y autor de canciones. En
1913 fue galardonado con el Premio Nobel de Literatura, convirtiéndose así en el
primer laureado no europeo en obtener dicho reconocimiento. Fue pieza clave de la
difusión de la cultura bengalí mediante sus historias cortas, poemas, cartas, ensayos y
pinturas.

Swami Vivekananda (India, 1863-1902)
Líder político de su país, propagó la doctrina vedanta, escuela filosófica perteneciente
al hinduismo, a nivel mundial. Participó en el Parlamento Mundial de Religiones en
1893 en la ciudad de Chicago. Introdujo el yoga al país americano e Inglaterra con
sus múltiples conferencias, seminarios y discursos.

Mahatma Gandhi (India, 1869-1948)
Abogado, pensador y político hindú. Líder del nacionalismo indio. En su libro
Historia de mis experiencias con la verdad dejó plasmado el legado de su actividad
a través de una concepción filantrópica y humanitaria con numerosos artículos,
discursos oficiales y abundantes alusiones de carácter familiar y paternal dirigidas a
su pueblo que sigue siendo hoy en día ejemplo a seguir.

María Montessori (Italia, 1870-Países Bajos, 1952)
Pedagoga y médica italiana que renovó la enseñanza al desarrollar un método que
lleva su apellido. Se basaba en el fomento de la iniciativa y capacidad de respuesta del
niño a través del uso de un material didáctico especialmente diseñado.

Stephen Crane (Estados Unidos, 1871-Alemania, 1900)
Novelista y poeta estadounidense, uno de los primeros exponentes del estilo naturista. Se convirtió en corresponsal de guerra, trabajo que le sirvió de inspiración para muchas de sus obras bibliográficas.

Carl Jung (Suiza, 1875-1961)
Médico psiquiatra, psicólogo y ensayista suizo, figura clave en la etapa inicial del psicoanálisis; posteriormente, fundador de la escuela de psicología analítica, también llamada psicología de los complejos y psicología profunda.

Albert Einstein (Alemania, 1879-Estados Unidos, 1955)
Físico y matemático alemán, nacionalizado suizo y más tarde estadounidense. Fue uno de los genios más polémicos de todos los tiempos, que revolucionó nuestra percepción del universo. Extravagante y distraído, pero también hombre simple, se interesó profundamente por los asuntos del mundo y tuvo fe en la grandeza del ser humano.

Mustafa Kemal Atatürk (Turquía, 1881-Grecia, 1938)
Militar y estadista turco, fundador y primer presidente de la República de Turquía. Modernizó los sistemas legal y educativo y promovió la adopción de aspectos culturales occidentales. Un ejemplo es la introducción del alfabeto latino para escribir el idioma turco.

José Vasconcelos (México, 1882-1959)
Político mexicano. Fue un discípulo de Justo Sierra que formó parte del Ateneo de la Juventud, que en torno a 1910 se enfrentó al positivismo y al dictador Porfirio Díaz, impulsando una corriente crítica y de renovación ideológica y política. En su estética, expone su teoría sobre la evolución del universo y la reestructuración de su sustancia cósmica, en los órdenes físico, biológico y humano.

Nikos Kazantzakis (Grecia, 1883-Alemania, 1957)
Filósofo y escritor griego. Descubrió el comunismo y se hizo admirador de Lenin, pero se vio desilusionado con la actuación de Stalin. Poco a poco sus creencias nacionalistas se fueron suavizando y se fue inclinando hacia una ideología más o menos universalista. En 1945 lideró un pequeño partido de izquierdas no comunista, llegando a ser ministro en Grecia.

Morihei Ueshiba (Japón, 1883-1969)
Maestro japonés de artes marciales. Creador de la disciplina del Aikido, término que puede ser traducido como "arte de la paz", y considerado uno de los mejores Dai-sensei ("Gran maestro") de la historia de las artes marciales. Educado con un fuerte sentido del deber filial en el bushido (el "Camino del Guerrero").

José Ortega y Gasset (España, 1883-1955)
Filósofo y ensayista español, exponente principal de la teoría del perspectivismo y de la razón vital e histórica, situado en el movimiento del Novecentismo. Su pensamiento, plasmado en numerosos ensayos, ejerció una gran influencia en varias generaciones de intelectuales.

Rafael Ramírez Castañeda (México, 1885-1959)
Educador mexicano que se dedicó a organizar y desarrollar la educación rural en México. A comienzos de los años 20 participó activamente en la reforma educativa encabezada por José Vasconcelos. En ese contexto pudo transferir su experiencia sobre la enseñanza técnica, descrita en su libro *La escuela industrial, al escenario rural.*

Werner Jaeger (Alemania, 1888-Estados Unidos, 1961)
Historiador y filólogo alemán que realizó contribuciones fundamentales al conocimiento de la filosofía griega. Fue profesor en Berlín hasta 1934; se exilió a Estados Unidos cuando los nazis tomaron el poder en su país, y desde entonces desarrolló su labor docente en las universidades de California, Chicago y Harvard.

Antonio Gramsci (Italia, 1891-1937)
Intelectual y activista político italiano, fundador del Partido Comunista. Estudió en la Universidad de Turín, donde recibió la influencia intelectual de Croce y de los socialistas. En 1913 se afilió al Partido Socialista Italiano, convirtiéndose en seguida en dirigente de su ala izquierda.

Jaime Torres Bodet (México, 1902-1974)
Escritor, poeta y diplomático mexicano que fue uno de los principales animadores del grupo formado en torno a la revista *Contemporáneos* (1928-1931), cuya particular síntesis de tradición y vanguardia resultaría de gran trascendencia en el devenir literario y cultural del país.

Arnold H. Glasow (Estados Unidos, 1905-1998)
Humorista norteamericano. Un verdadero pensador con espíritu generoso. Contribuía frecuentemente a la sección humorística del *Reader's Digest.*

Teresa de Calcuta (República de Macedonia, 1910-India, 1997)
Religiosa albanesa, nacionalizada india. Nacida en el seno de una familia católica albanesa, la profunda religiosidad de su madre despertó en ella su vocación de misionera a los 12 años. Siendo aún una niña, ingresó en la Congregación Mariana de las Hijas de María, donde inició su actividad de asistencia a los más necesitados. En 1948 obtuvo la autorización de Roma para dedicarse al apostolado en favor de los pobres.

John F. Kennedy (Estados Unidos, 1917-1963)
Fue el trigésimo quinto presidente de los Estados Unidos. Elegido en 1960, Kennedy se convirtió en el segundo presidente más joven de su país. Ejerció como presidente hasta su asesinato el 22 de noviembre de 1963. Durante su gobierno tuvo lugar la invasión de Bahía de Cochinos, la crisis de los misiles de Cuba, la construcción del Muro de Berlín, el inicio de la carrera espacial y la consolidación del Movimiento por los Derechos Civiles en Estados Unidos, así como los primeros eventos de la Guerra de Vietnam.

Nelson Mandela (Sudáfrica, 1918-2013)
Político sudafricano que lideró los movimientos contra el *apartheid* y que, tras una larga lucha y 27 años de cárcel, presidió en 1994 el primer gobierno que ponía fin al régimen racista. En 1944 ingresó en el Congreso Nacional Africano (ANC), un movimiento de lucha contra la opresión de los negros sudafricanos. Mandela fue uno de los líderes de la Liga de la Juventud del Congreso, que llegaría a constituir el grupo dominante del ANC; su ideología era un socialismo africano: nacionalista, antirracista y antiimperialista.

Juan José Arreola (México, 1918-2001)
Actor y narrador mexicano. Autodidacta, aprendió a leer "de oídas" y nunca concluyó la primaria. En 1936 llegó a la capital y se inscribió en la escuela de teatro del Instituto Nacional de Bellas Artes (INBA). Fue miembro del grupo teatral "Poesía en voz alta"; creó talleres literarios y dirigió importantes publicaciones.

Paulo Freire (Brasil, 1921-1997)
Pedagogo brasileño. Estudió filosofía en la Universidad de Pernambuco e inició su labor como profesor de historia y filosofía de la educación en la Universidad de Recife. En 1947 inició sus esfuerzos para la alfabetización de adultos, que durante los años sesenta trataría de llevar a la práctica en el nordeste de Brasil, donde existía un elevado índice de analfabetismo. Con la ayuda del obispo Hélder Câmara, promovió en 1961 el denominado «movimiento de educación de base», a la vez que desarrollaba su metodología educativa.

Olivier Reboul (Francia, 1925-1992)
Filósofo. Especializado en la filosofía de Alain; su otro ámbito principal es el retórico y la filosofía de la educación. Comenzó su carrera magistral en la universidad de Túnez. Fue profesor en la Universidad de Montreal, enseñando la filosofía de Kant.

Malcolm X (Estados Unidos, 1925-1965)
Líder revolucionario de la minoría negra norteamericana. Era hijo de un pastor protestante y de una mujer mulata; durante su infancia sufrió los continuos traslados de residencia de su familia, huyendo de las agresiones de grupos racistas, que culminaron con el asesinato de su padre en 1931.

Jacques Delors (Francia, 1925)
Político francés. Presidente de la Comisión Europea entre 1985 y 1994. En 1973 se convirtió en consejero del Banco de Francia y en catedrático de Gestión de Empresas de la Universidad de París; al año siguiente ingresó en el Partido Socialista Francés. Su brillante carrera política le condujo a ser diputado en el Parlamento Europeo y ministro de Economía y Finanzas en el primer gobierno de François Mitterrand.

Michel Foucault (Francia, 1926-1984)
Filósofo francés. Influido por Nietzsche, Heidegger y Freud, en su ensayo titulado *Las palabras y las cosas* desarrolló una importante crítica al concepto de progreso de la cultura, al considerar que el discurso de cada época se articula alrededor de un "paradigma" determinado, y que por tanto resulta incomparable con el discurso de las demás.

Emilio Lledó (España, 1927)
Filósofo español. Entre 1964 y 1967 fue catedrático de Filosofía en la Universidad de La Laguna, y entre 1967 y 1978, en la de Barcelona. Entre sus distinciones cabe citar el Premio Alexander von Humboldt y el Premio Nacional de Ensayo de 1992.

Carlos Fuentes (Panamá, 1928 -México, 2012)
Narrador y ensayista mexicano, uno de los escritores más importantes de la historia literaria de su país. Figura fundamental del llamado *boom* de la novela hispanoamericana de los años 60, el núcleo más importante de su narrativa se situó del lado más experimentalista de los autores del grupo y recogió los recursos vanguardistas inaugurados por James Joyce y William Faulkner (pluralidad de puntos de vista, fragmentación cronológica, elipsis, monólogo interior, etc.).

Martin Luther King (Estados Unidos, 1929-1968)
Pastor baptista estadounidense, defensor de los derechos civiles. Estudió teología en la Universidad de Boston. Desde joven tomó conciencia de la situación de segregación social y racial que vivían los negros de su país, y en especial la de los estados sureños. Muy pronto dio muestras de su carisma y de su firme decisión de luchar por la defensa de los derechos civiles con métodos pacíficos, inspirándose en la figura de Mahatma Gandhi y en la teoría de la desobediencia civil de Henry David Thoreau.

XIV Dalai Lama (Tíbet, 1935)
Llamado Kundun (la Presencia) o Tenzin Gyatso; también llamado "portador del loto", líder religioso del budismo tibetano. En 1950, cuando aún no había cumplido la mayoría de edad, los comunistas chinos invadieron el país; declarado mayor de edad antes de tiempo, asumió el poder y se refugió cerca de la frontera con la India; pero, al no recibir ayuda exterior, hubo de aceptar la tutela comunista, firmando en 1951 un tratado que convertía al Tíbet en "provincia autónoma" de China.

Mario Vargas Llosa (Perú, 1936)
Escritor, político y periodista peruano. Premio Nobel de Literatura 2010. Uno de los más importantes novelistas y ensayistas contemporáneos. Desde 2011 recibe el tratamiento protocolar de Ilustrísimo Señor.

Kofi Annan (Ghana, 1938)
Político ghanés. Estudió inicialmente ciencia y tecnología. Posteriormente, para completar su formación, viajó a Estados Unidos, donde realizó estudios de economía en Minnesota mediante una beca que le otorgó la Fundación Ford. Desde allí marchó a Ginebra, al Instituto de Estudios Internacionales, y empezó a trabajar en la Organización Mundial de la Salud.

José Antonio Marina (España, 1939)
Filósofo y escritor español. En su larga trayectoria ha compaginado la investigación filosófica con el trabajo como profesor de filosofía en un instituto de enseñanza secundaria. Marina acerca al público los grandes temas filosóficos, centrándose sobre todo en la teoría de la inteligencia, la fenomenología y la lingüística.

Victoria Camps (España, 1941)
Filósofa española. Se doctoró en filosofía por la Universidad de Barcelona en 1975, bajo el magisterio de, entre otros filósofos y pensadores, José Luis López Aranguren y José Ferrater Mora, y con posterioridad ha venido ejerciendo la docencia, de manera ininterrumpida, en la Universidad Autónoma de Barcelona, desde 1972 como profesora y desde 1986 como catedrática de ética y de filosofía del derecho moral y político.

Óscar Arias (Costa Rica, 1941)
Político costarricense. Presidente de Costa Rica entre 1986 y 1990, fue reelecto en 2006 para un segundo mandato. Descendiente de una de las familias más ricas del país, dedicada al cultivo del café, sus estudios y su capacidad intelectual lo convirtieron, desde muy joven, en miembro destacado del Partido Liberación Nacional (PLN). Con tan sólo veinte años ya estaba afiliado a esta formación política, participando en campañas electorales con elocuentes discursos.

Jesse Jackson (Estados Unidos, 1941)
Eclesiástico y político estadounidense. Colaboró con M.L. King. Se presentó como candidato a la nominación demócrata a la presidencia para las elecciones de 1984 y 1988, aunque en ambas ocasiones pactó su apoyo crítico a las candidaturas de W. Mondale y M. Dukakis, respectivamente.

Germán Arana (España, 1945)
Jesuita español especializado en dirección espiritual y en formación de sacerdotes, ha sustituido como rector del Colegio Mayor y Seminario Pontificio Comillas a José María Fernández-Martos, tras 12 años al frente de este centro internacional ubicado en el Campus de Cantoblanco de la Universidad Pontificia Comillas.

Fernando Savater (España, 1947)
Filósofo y escritor español dedicado sobre todo a la reflexión sobre la ética. Profesor de filosofía en diversas universidades. Su amplia labor de divulgación y de crítica cultural lo ha convertido en un referente imprescindible para toda una generación en España.

Christa McAuliffe (Estados Unidos, 1948-1986)
Profesora de escuela secundaria y astronauta de la NASA. En 1978 recibió un máster en educación. Desde 1970 hasta 1971 trabajó como profesora de historia de los Estados Unidos para alumnos de octavo grado. Murió en el accidente del transbordador espacial Challenger.

Enrique Rojas Montes (España, 1949)
Médico español, catedrático de psiquiatría en la Universidad de Extremadura. Sus trabajos de investigación se centran en tres temas: las depresiones, la ansiedad y los trastornos de la personalidad.

Daniel Fernando Filmus (Argentina, 1955)
Sociólogo egresado de la Universidad de Buenos Aires, educador y político argentino. Además, realizó una especialización en educación de adultos y una maestría en educación. Durante la época de la dictadura militar, se desempeñó como docente en el movimiento de derechos humanos.

Baltasar Garzón (España, 1955)
Jurista. Presidente de FIBGAR, una fundación privada de carácter social, sin ánimo de lucro, constituida en defensa de los Derechos Humanos y la Jurisdicción Universal.

Marjane Satrapi (Irán, 1969)
Se introdujo en el mundo del cómic de la mano del dibujante y guionista David B., quien le sugirió narrar de este modo sus recuerdos de infancia en Irán. Nace así la novela gráfica *Persépolis*, una obra autobiográfica que arranca en los momentos finales del régimen del sha y que da cuenta de las dificultades de vivir bajo un estado teocrático y de las distintas formas de seguir viviendo una vida laica pese a la vigilancia de los guardianes de la revolución y de los vecinos oportunamente convertidos a un islamismo más militante que el del propio gobierno.

De los ilustradores

Susana Rosique (País Vasco, España)
Licenciada en psicología, ilustradora de libros y álbumes ilustrados desde 1997, ha realizado exposiciones, recibido varias distinciones y publicado más de 30 títulos en editoriales de México y España, entre los que se encuentran: *El sabio del bosque* (1998), *El reloj del abuelo* (2007), *Lirón y el camino secreto* (2014), *Nanas fabulescas a 30 voces* (2013), *El elogio de la educación: 70 imágenes de ser maestro* (2014), *Memorias del porvenir* (2015).

Margarita Sada (México)
Licenciada en diseño gráfico por la Escuela de Diseño del INBA con estudios de maestría en artes visuales en la escuela de Artes Plásticas de la UNAM, se dedica tanto a la pintura como a la ilustración de libros para niños. Ha recibido varias distinciones otorgadas por la CANIEM al Arte Editorial al mejor libro ilustrado: premio en 2005 por *Venir del mar* y mención honorífica en 2006 por *Yo Claudia*.

Juan Gedovius (México)
Trasnochador incorregible y pescador de dragones de mar, supo desde temprana edad que su camino (cualquiera que este fuera) debía ser acompañado de lápices, pinceles, pintura o cualquier otra cosa que le permitiera capturar en papel todas aquellas criaturas moradoras de sueños, encontrando en los libros el medio perfecto para compartir con todos. Ha publicado más de 70 obras, realizado numerosas exposiciones dentro y fuera del país, y recibido varios reconocimientos de la CANIEM al Arte Editorial, del Catálogo de ilustradores de Conaculta, el Premio Caracol con alas de la Fundación Pape, entre otros.

Soledad Martínez (Argentina)
Afra nació en Tandil en 1975. Cursó el colegio secundario en el Centro Polivalente de Arte y se graduó del Profesorado de Inglés en 1996. Ese mismo año participó en el Concurso de Libros Ilustrados de Editorial Colihue. Desde 1997 es profesora y docente de arte en inglés para niños y adolescentes. Forma parte del Foro de Ilustradores de Argentina, ha participado en varias muestras colectivas y es ilustradora de libros como: *Las aventuras de Robin Hood* (2010); *El misterio de la teta* (2012); *Las lunas* (2013); *Ramona, una vizcacha soñadora* (2014), libro de referencia en el tema de Educación por la Paz.

Martina Vanda (Italia)
Ha obtenido diversos premios y reconocimientos, los más recientes: Premio QWERTY
por mejor libro infantil por *¡Estela, grita muy fuerte!* en España, BIB Bienal de Bratislava /
seleccionado en 2011 y en 2012 "Ithaca" / seleccionado en 2013.

María del Mar Villar (España)
Estudió Bellas Artes en Salamanca. Durante sus estudios, realizó numerosas exposiciones,
muchas de ellas con el grupo de grabado S/T por la provincia de Alicante y, más tarde, por
Salamanca, y ganó premios y accésits en concursos de artes plásticas y diseño gráfico; la
guinda llegó con un accésits en ilustración en los Premios INJUVE en 2009. Ha publicado
para revistas y editoriales. Actualmente reside en Madrid, en donde ha terminado un curso de
Diseño Gráfico y Producción Publicitaria en CICE, y compagina su trabajo de ilustradora con
la realización de exposiciones y actividades relacionadas.

Jorge Matías-Garnica (México)
Licenciado en diseño gráfico por la Benemérita Universidad Autónoma de Puebla (BUAP), con
especialidad en producción editorial asistida por computadora por la Escuela de Diseño del
Instituto Nacional de Bellas Artes, ha desarrollado una amplia experiencia profesional.
Se ha dedicado al diseño editorial en editoriales como Grupo Editorial Santillana, Penguin
Random House y Ediciones SM. Ha impartido cursos, seminarios, talleres, exposiciones como
la X Bienal Internacional del Cartel en México (Xalapa, Veracruz), el 4º Encuentro de Diseño
BUAP. Ha obtenido distintos reconocimientos como la medalla de oro Carlos Lozano, de la
XIII Bienal Internacional del Cartel en México, y el primer lugar del Concurso de diseño de
cartel para el Festival Internacional de Cine Contemporáneo de la Ciudad de México FICCO-
Cinemex 2008.

De la compiladora

Silvia Garza (México)
Es presidenta de la ONG Educadores sin fronteras (Educadores somos todos, A.C.) cuyos
temas versan sobre promoción de lectura, educación, prevención de la violencia, participación
social y cultura de la legalidad. Tiene la licenciatura en Letras y la maestría en Educación
por el Tecnológico de Monterrey, así como el doctorado en Teoría de la literatura por la
Universidad Autónoma de Madrid. Ha sido profesora desde 1993. Es editora de libros
infantiles y ha desarrollado programas educativos y culturales desde ministerios de educación
y cultura latinoamericanos, fundaciones e institutos de investigación. Actualmente coordina la
investigación *La convivencia escolar* en México e impulsa el programa *Ante la violencia, ¡actúa!*
en México. Forma parte del comité asesor del Congreso Internacional de Educación que
organiza el Tecnológico de Monterrey.

ÍNDICE ONOMÁSTICO

ILUSTRADORES

Enseñar: la pasión del profesor, se imprimió en el
año 2018, en los talleres de Grupo Infagon S.A. de C.V.

Henry Adams • Ignacio Manuel Altamirano • Kofi Annan • Tomás de Aquin

• Germán Arana • Óscar Arias • Aristófanes • Aristóteles • Juan José Arreol

• Gabino Barreda • Simón Bolívar • Edward Bulwer-Lytton • Edmun

Burke • Teresa de Calcuta • Victoria Camps • Chanakya • Stephen Cran

• Sor Juana Inés de la Cruz • Jacques Delors • Roswell Dwight • Alber

Einstein • Daniel Fernando Filmus • Michel Foucault • Benjamin Frankli

• Paulo Freire • Carlos Fuentes • Mahatma Gandhi • Baltasar Garzó

• Arnold H. Glasow • Arturo Graf • Antonio Gramsci • Hesíodo

Eugenio María de Hostos • Jesse Jackson • Anne Robert Jacques Turgot

Werner Jaeger • Benjamin Jonson • Benito Juárez • Carl Jung • Immanue

Kant • Nikos Kazantzakis • Mustafa Kemal Atatürk • John F. Kenned

• Martin Luther King • Dalai Lama XIV • Emilio Lledó • Malcolm X

Nelson Mandela • José Antonio Marina • José Martí • Antonio Maura

Christa McAuliffe • María Montessori • José Ortega y Gasset • Pitágora

de Samos • Platón • Rafael Ramírez Castañeda • Olivier Reboul

Sergio Ramírez • Enrique Rojas Montes • Erasmo de Rotterdam • Joh

Ruskin • Domingo Faustino Sarmiento • Marjane Satrapi • Fernand

Savater • Abigail Smith Adams • Herbert Spencer • Rabindranath Tagor

• Jaime Torres Bodet • Morihei Ueshiba • José Pedro Varela • Mari

Vargas Llosa • José Vasconcelos • Víctor Hugo • Swami Vivekanand

Henry Adams • Ignacio Manuel Altamirano • Kofi Annan • Tomás de Aquino • Germán Arana • Óscar Arias • Aristófanes • Aristóteles • Juan José Arreola • Gabino Barreda • Simón Bolívar • Edward Bulwer-Lytton • Edmund Burke • Teresa de Calcuta • Victoria Camps • Chanakya • Stephen Crane • Sor Juana Inés de la Cruz • Jacques Delors • Roswell Dwight • Albert Einstein • Daniel Fernando Filmus • Michel Foucault • Benjamin Franklin • Paulo Freire • Carlos Fuentes • Mahatma Gandhi • Baltasar Garzón • Arnold H. Glasow • Arturo Graf • Antonio Gramsci • Hesíodo • Eugenio María de Hostos • Jesse Jackson • Anne Robert Jacques Turgot • Werner Jaeger • Benjamin Jonson • Benito Juárez • Carl Jung • Immanuel Kant • Nikos Kazantzakis • Mustafa Kemal Atatürk • John F. Kennedy • Martin Luther King • Dalai Lama XIV • Emilio Lledó • Malcolm X • Nelson Mandela • José Antonio Marina • José Martí • Antonio Maura • Christa McAuliffe • María Montessori • José Ortega y Gasset • Pitágoras de Samos • Platón • Rafael Ramírez Castañeda • Olivier Reboul • Sergio Ramírez • Enrique Rojas Montes • Erasmo de Rotterdam • John Ruskin • Domingo Faustino Sarmiento • Marjane Satrapi • Fernando Savater • Abigail Smith Adams • Herbert Spencer • Rabindranath Tagore • Jaime Torres Bodet • Morihei Ueshiba • José Pedro Varela • Mario Vargas Llosa • José Vasconcelos • Víctor Hugo • Swami Vivekananda

Henry Adams • Ignacio Manuel Altamirano • Kofi Annan • Tomás de Aquino • Germán Arana • Óscar Arias • Aristófanes • Aristóteles • Juan José Arreola • Gabino Barreda • Simón Bolívar • Edward Bulwer-Lytton • Edmund Burke • Teresa de Calcuta • Victoria Camps • Chanakya • Stephen Crane • Sor Juana Inés de la Cruz • Jacques Delors • Roswell Dwight • Albert Einstein • Daniel Fernando Filmus • Michel Foucault • Benjamin Franklin • Paulo Freire • Carlos Fuentes • Mahatma Gandhi • Baltasar Garzón • Arnold H. Glasow • Arturo Graf • Antonio Gramsci • Hesíodo • Eugenio María de Hostos • Jesse Jackson • Anne Robert Jacques Turgot • Werner Jaeger • Benjamin Jonson • Benito Juárez • Carl Jung • Immanuel Kant • Nikos Kazantzakis • Mustafa Kemal Atatürk • John F. Kennedy • Martin Luther King • Dalai Lama XIV • Emilio Lledó • Malcolm X • Nelson Mandela • José Antonio Marina • José Martí • Antonio Maura • Christa McAuliffe • María Montessori • José Ortega y Gasset • Pitágoras de Samos • Platón • Rafael Ramírez Castañeda • Olivier Reboul • Sergio Ramírez • Enrique Rojas Montes • Erasmo de Rotterdam • John Ruskin • Domingo Faustino Sarmiento • Marjane Satrapi • Fernando Savater • Abigail Smith Adams • Herbert Spencer • Rabindranath Tagore • Jaime Torres Bodet • Morihei Ueshiba • José Pedro Varela • Mario Vargas Llosa • José Vasconcelos • Víctor Hugo • Swami Vivekananda